LÉONARD

LÉONARD

27

ON A MARCHÉ SUR LE GÉNIE !

turk & de groot

LE LOMBARD
LA BD DES 7 A 77 ANS

D/2006/0086/34
ISBN 2-80361-550-9

Dépôt légal : janvier 2006

LES EDITIONS DU LOMBARD
7, AVENUE PAUL-HENRI SPAAK - 1060 BRUXELLES - BELGIQUE

www.lelombard.com
l'internet des 7 à 77 ans

Printed in France by PPO Graphic, 93500 Pantin

DISCIPLE ! UNE NOUVELLE JOUR-NÉE COMMENCE !!!
AÏE !
AINSI D'AILLEURS QU'UN NOUVEL ALBUM !...
POURQUOI... MAIS POURQUOI FAUT-IL DONC QU'ELLES COMMENCENT TOUTES IN-VARIABLEMENT PAR DES MUGISSEMENTS !...
...UN SUPERBE ALBUM CARTONNÉ...
JE MUGIS, MOI ?...
NON, NON, PAS EXACTEMENT !
...IMPRES-SION OFFSET COULEUR...
...JE DIRAIS PLUTÔT QUE VOUS MEUGLEZ !
À UN PRIX TRÈS ATTRACTIF...
...ET TONDU !
MOI, JE MEUGLE ?
...QUE VOUS TROUVEREZ DANS TOUTES LES BONNES LIBRAIRIES, ET...
...AU FOND... ET SI JE NE VOULAIS PAS ME LEVER, MOI ?...
HEIN ?
D'ABORD !
MAIS !?... QUE JE SUIS BÊTE !
BLAM
D'ACCORD, D'ACCORD !... C'ÉTAIT UNE BÊTE QUESTION !
SI VOUS LE LISEZ, C'EST QUE VOUS L'AVEZ DÉJÀ ACHETÉ !

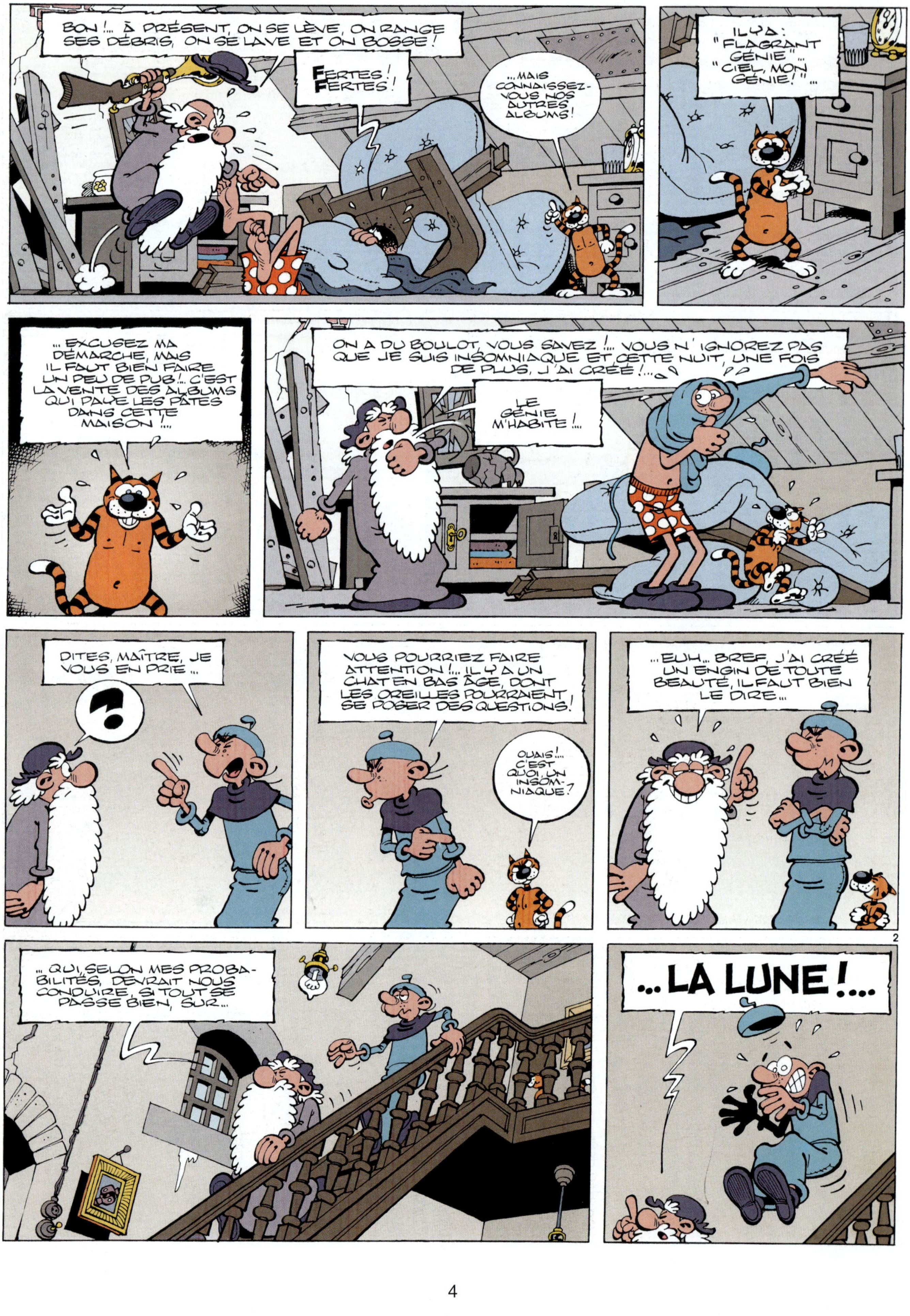
BON !... À PRÉSENT, ON SE LÈVE, ON RANGE SES DÉBRIS, ON SE LAVE ET ON BOSSE !
FERTES ! FERTES !
...MAIS CONNAISSEZ-VOUS NOS AUTRES ALBUMS !
IL Y A : "FLAGRANT GÉNIE"... "CIEL, MON GÉNIE !"...
... EXCUSEZ MA DÉMARCHE, MAIS IL FAUT BIEN FAIRE UN PEU DE PUB !... C'EST LA VENTE DES ALBUMS QUI PAYE LES PÂTES DANS CETTE MAISON !...
ON A DU BOULOT, VOUS SAVEZ !... VOUS N'IGNOREZ PAS QUE JE SUIS INSOMNIAQUE ET CETTE NUIT, UNE FOIS DE PLUS, J'AI CRÉÉ !...
LE GÉNIE M'HABITE !...
DITES, MAÎTRE, JE VOUS EN PRIE ...
VOUS POURRIEZ FAIRE ATTENTION !... IL Y A UN CHAT EN BAS ÂGE, DONT LES OREILLES POURRAIENT SE POSER DES QUESTIONS !
OUAIS !... C'EST QUOI, UN INSOMNIAQUE ?
... EUH... BREF, J'AI CRÉÉ UN ENGIN DE TOUTE BEAUTÉ, IL FAUT BIEN LE DIRE...
... QUI, SELON MES PROBABILITÉS, DEVRAIT NOUS CONDUIRE, SI TOUT SE PASSE BIEN, SUR...
... LA LUNE !...

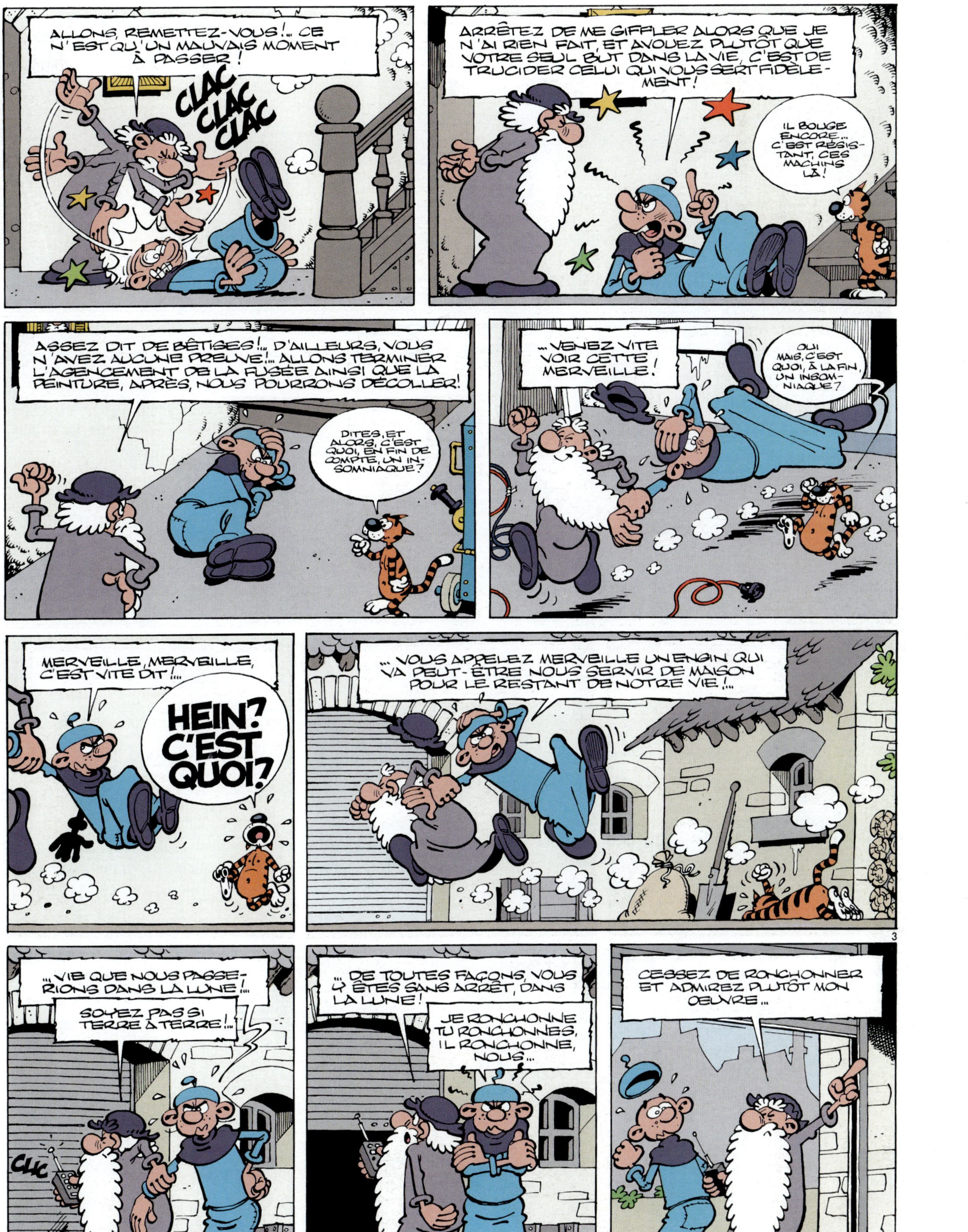
ALLONS, REMETTEZ-VOUS !... CE N'EST QU'UN MAUVAIS MOMENT À PASSER !
CLAC CLAC CLAC
ARRÊTEZ DE ME GIFFLER ALORS QUE JE N'AI RIEN FAIT, ET AVOUEZ PLUTÔT QUE VOTRE SEUL BUT DANS LA VIE, C'EST DE TRUCIDER CELUI QUI VOUS SERT FIDÈLEMENT !
IL BOUGE ENCORE... C'EST RÉSISTANT, CES MACHINS LÀ !
ASSEZ DIT DE BÊTISES !... D'AILLEURS, VOUS N'AVEZ AUCUNE PREUVE !... ALLONS TERMINER L'AGENCEMENT DE LA FUSÉE AINSI QUE LA PEINTURE, APRÈS, NOUS POURRONS DÉCOLLER !
DITES, ET ALORS, C'EST QUOI, EN FIN DE COMPTE, UN INSOMNIAQUE ?
... VENEZ VITE VOIR CETTE MERVEILLE !
OUI MAIS, C'EST QUOI, À LA FIN, UN INSOMNIAQUE ?
MERVEILLE, MERVEILLE, C'EST VITE DIT !...
HEIN ? C'EST QUOI ?
... VOUS APPELEZ MERVEILLE UN ENGIN QUI VA PEUT-ÊTRE NOUS SERVIR DE MAISON POUR LE RESTANT DE NOTRE VIE !...
... VU QUE NOUS PASSERIONS DANS LA LUNE !...
SOYEZ PAS SI TERRE À TERRE !...
CLIC
... DE TOUTES FAÇONS, VOUS Y ÊTES SANS ARRÊT, DANS LA LUNE !
JE RONCHONNE TU RONCHONNES, IL RONCHONNE, NOUS...
CESSEZ DE RONCHONNER ET ADMIREZ PLUTÔT MON OEUVRE...

OOOOOOOOOOH !
JE NE VOUS LE FAIS PAS DIRE !
PALSAMBLEU !
ÇA ALORS, JE N'EN REVIENS PAS !
ALORS, C'EST QUOI, UN INSOMNIAQUE ?
PARTONS D'ABORD !... NOUS PARLERONS DU RETOUR PLUS TARD !
C'EST UN PLAISIR DE VOIR COMME ON M'ÉCOUTE, ICI !
PENDANT QUE JE TERMINE À L'INTÉRIEUR, VOUS, VOUS ALLEZ LA PEINDRE À CARREAUX ROUGES ET BLANCS, CE SERA SUPERBE !
VOUS ÊTES FOU !
C'EST D'UN MAUVAIS GOÛT !...
BLAM
DONC, NOUS DIVONS : ROUVES ET BLANCS !
BON ! REVENONS À NOS MOUTONS !... SI ON NE ME DIT PAS IM-MÉ-DIA-TE-MENT CE QUE C'EST QU'UN INSOMNIAQUE, JE SUIS SÛR QUE JE N'EN FERMERAIS PAS L'OEIL DE LA NUIT !
ENCORE QUELQUES SOUDURES ET LE CÂBLAGE DE LA CENTRALE INERTIELLE SERA TERMINÉ !
C'EST QUOI, "INERTIELLE" ?
VOILÀ !... JE PEUX MONTER LE TABLEAU DE BORD, À PRÉSENT !
ON JURERAIT UN SPAGHETTI BOLOGNAISE !
MIOM !
ET CETTE PEINTURE, DISCIPLE ?
TERMINÉE !... JE CHARGE LA NOURRITURE !
ALORS, NOUS DISONS : LASAGNES, TAGLIATELLES, SPAGHETTIS, CANNELLONIS, RAVIOLIS, TORTELLINIS, FETTUCINIS, MACARONIS, AGNOLOTI, MARTINI, FERRARI, MASERATI, LAMBORGHINI ET TUTTI CHIANTI...
ET MON CHACHAT AU SAUMON, ON Y A PENSÉ, À MON CHACHAT AU SAUMON ?...

DITES, MAÎTRE ?... VOUS VOULEZ VRAIMENT PAS Y ALLER SEUL, DANS LA LUNE ?
HEIN... DITES ?...
BLAM
BREF...
DISCIPLE, VOUS PILOTEZ COMME UNE PATATE !
OUI, MAIS J'AI BOBO !
BEN, CELLE-LÀ, ELLE EST RAIDE !
C'EST À CAUSE DE VOS QUESTIONS STUPIDES QUE JE VOUS RÉPONDS AU TROMBLON !
RE-BREF...
NOUS ARRIVONS, DISCIPLE !... ENCLENCHEZ LE PILOTE AUTOMATIQUE POUR LA PROCÉDURE D'ALUNISSAGE !
PILOTE AUTOMATIQUE ENCLENCHÉ, PROCÉDURE COMMENCÉE !
5... 4... 3... 2...
POURQUOI ILS M'ONT PAS PRIS AVEC EUX, MOI, RAOUL !
PASSEZ LE PREMIER, DISCIPLE !
MAIS !?... C'EST BEAUCOUP TROP D'HONNEUR, MAÎTRE, C'EST À VOUS DE...
ZUT ALORS !
TUTUTUT !... ET SI IL Y AVAIT UN DANGER QUELCONQUE, HEIN ?... VOUS Y AVEZ PENSÉ ?... NON !!!... NON, VOUS D'ABORD, PETIT ÉGOÏSTE !

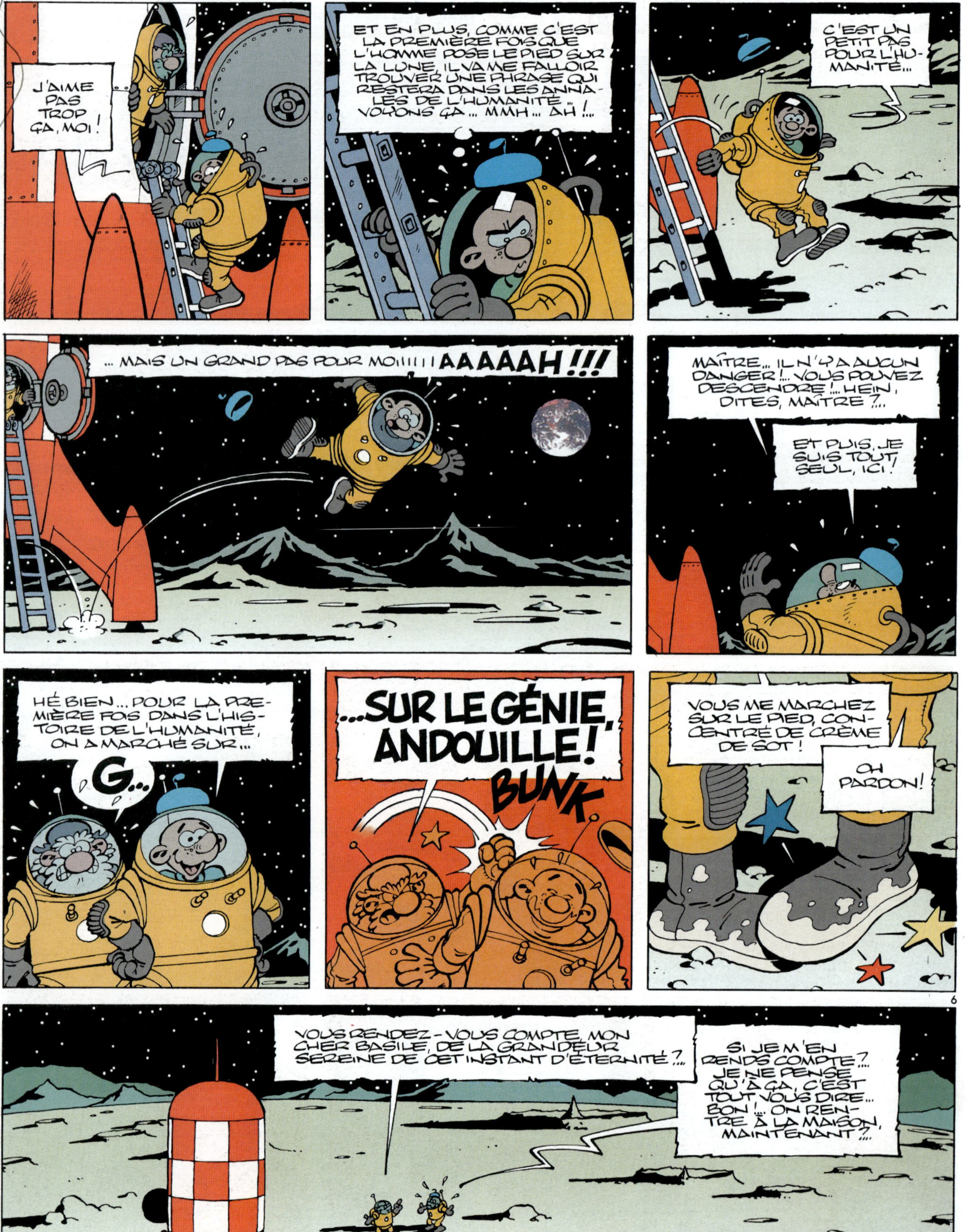
J'AIME PAS TROP ÇA, MOI !
ET EN PLUS, COMME C'EST LA PREMIÈRE FOIS QUE L'HOMME POSE LE PIED SUR LA LUNE, IL VA ME FALLOIR TROUVER UNE PHRASE QUI RESTERA DANS LES ANNALES DE L'HUMANITÉ... VOYONS ÇA... MMH... AH !...
C'EST UN PETIT PAS POUR L'HUMANITÉ...
... MAIS UN GRAND PAS POUR MOI!!!!!! AAAAAH !!!
MAÎTRE... IL N'Y A AUCUN DANGER !... VOUS POUVEZ DESCENDRE !... HEIN, DITES, MAÎTRE ?...
ET PUIS, JE SUIS TOUT SEUL, ICI !
HÉ BIEN... POUR LA PREMIÈRE FOIS DANS L'HISTOIRE DE L'HUMANITÉ, ON A MARCHÉ SUR...
G...
...SUR LE GÉNIE, ANDOUILLE !
BUNK
VOUS ME MARCHEZ SUR LE PIED, CONCENTRÉ DE CRÈME DE SOT !
OH PARDON !
VOUS RENDEZ-VOUS COMPTE, MON CHER BASILE, DE LA GRANDEUR SEREINE DE CET INSTANT D'ÉTERNITÉ ?...
SI JE M'EN RENDS COMPTE ?... JE NE PENSE QU'À ÇA, C'EST TOUT VOUS DIRE... BON !... ON RENTRE À LA MAISON, MAINTENANT ?...

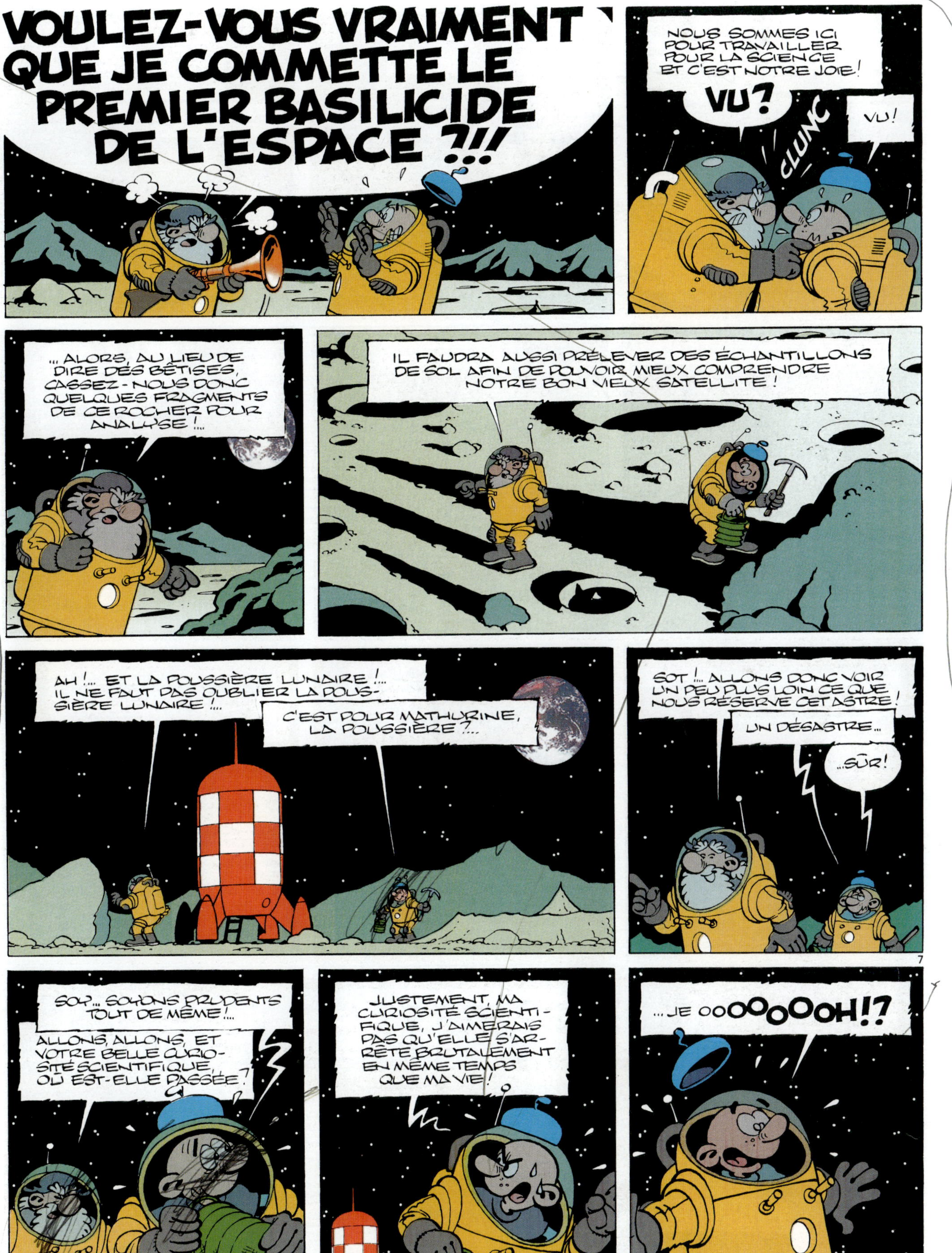
VOULEZ-VOUS VRAIMENT QUE JE COMMETTE LE PREMIER BASILICIDE DE L'ESPACE ?!!
NOUS SOMMES ICI POUR TRAVAILLER POUR LA SCIENCE ET C'EST NOTRE JOIE !
VU ?
CLUNC
VU !
... ALORS, AU LIEU DE DIRE DES BÊTISES, CASSEZ-NOUS DONC QUELQUES FRAGMENTS DE CE ROCHER POUR ANALYSE !...
IL FAUDRA AUSSI PRÉLEVER DES ÉCHANTILLONS DE SOL AFIN DE POUVOIR MIEUX COMPRENDRE NOTRE BON VIEUX SATELLITE !
AH !... ET LA POUSSIÈRE LUNAIRE !... IL NE FAUT PAS OUBLIER LA POUSSIÈRE LUNAIRE !...
C'EST POUR MATHURINE, LA POUSSIÈRE ?...
SOT !... ALLONS DONC VOIR UN PEU PLUS LOIN CE QUE NOUS RÉSERVE CET ASTRE !
UN DÉSASTRE...
... SÛR !
SOY... SOYONS PRUDENTS TOUT DE MÊME !...
ALLONS, ALLONS, ET VOTRE BELLE CURIOSITÉ SCIENTIFIQUE, OÙ EST-ELLE PASSÉE ?
JUSTEMENT, MA CURIOSITÉ SCIENTIFIQUE, J'AIMERAIS PAS QU'ELLE S'ARRÊTE BRUTALEMENT EN MÊME TEMPS QUE MA VIE !
... JE OOOOOOOOH !?

QU'Y A-T-IL, DISCIPLE ?
QUELQUE CHOSE QUE JE REDOUTAIS, DEPUIS LE DÉBUT !
UNE GROTTE !...
... ET JE SUPPOSE QU'IL VA FALLOIR L'EXPLORER ?...
ÉVIDEMMENT !
ALORS, JE VOUS SUIS !...
PARDON !
?!
BIEN ESSAYÉ, DISCIPLE !
ALLEZ, OUSTE !
MÊME PAS MAL !
BUNK
VOUS VOUS DEVEZ DE PRÉSERVER LE GÉNIE IRREMPLAÇABLE QUE JE SUIS !... J'ARRÊTE PAS DE VOUS LE DIRE !
OUAIS MAIS JE SUIS LÂCHE !
TOUT PETIT, DÉJÀ, J'ÉTAIS LÂCHE DANS LES MARGES DE MES CAHIERS !...
OOH !... ÇA ALORS !...
?

DISCIPLE, VOYEZ DONC SI C'EST DE L'EAU !
SLURP !
C'EN EST PAS !
C'EST PAS DE L'EAU ?
BEN NON !
ALORS, AUCUNE TRACE DE VIE POSSIBLE, RENTRONS !
ON RENTRE... EUH... À LA MAISON ?!...
EH OUI !... NOUS N'AVONS PLUS RIEN À FAIRE ICI, SCIENTIFIQUEMENT PARLANT !...
CHIC !
EH BEN, J'AI RUDEMENT BIEN FAIT DE NE PAS LUI DIRE QUE LA GLACE, LÀ, C'ÉTAIT DU CHAMPAGNE !...
ON NE SERAIT PAS SUR LE CHEMIN DU RETOUR !
C'EST QU'IL FAUT PARFOIS AIDER LA CHANCE SI ON VEUT GARDER VIVANT LE FILS UNIQUE ET PRÉFÉRÉ DE SA MAMAN !
?
OH !

REGARDEZ, MAÎTRE, CES CAILLOUX !... PLUTÔT CURIEUX, NON ?... SI ON EN PRENAIT QUELQUES UNS POUR LES ANALYSER ?... NON ?...
FAITES PAS DE ZÈLE, À PRÉSENT !... DES CAILLOUX, ON EN A ASSEZ !... MONTONS À BORD ET RENTRONS À LA MAISON !
ET QUAND LES NOUILLES SONT FROIDES, MATHURINE N'EST PAS CONTENTE !
...5... 4... 3... 2... 1...
...ZÉRO ! TERRE, NOUS VOICI !
M'EN FICHE ! UN JOUR, BEN MOI, J'IRAI SUR MARS... MAIS SEUL !
OUF !
ON L'A ÉCHAPPÉ BELLE, LES P'TITS GARS !
OUAIS !... NOTRE CURIOSITÉ NOUS PERDRA !
ALLONS, RETOURNONS EN VILLE SINON ON SERA EN RETARD POUR LE DÎNER ET QUAND LES GLUNTZ SONT FROIDES, ZELMUDE N'EST PAS CONTENTE !
ZÜGMA ET MOI, ON VA AU RESTO !... C'EST UN NOUVEAU QUI VIENT D'OUVRIR EN HAUT DE LA VILLE !... PARAÎT QU'ILS ONT UN SILEX QUI FOND DANS LA BOUCHE !...
FIN

10

allô, maman, bobo !

PFF!
PFF!
PFF! HOU ÇA FAIT CHAUD!... HOU, ÇA FAIT BOBO!...
...ET REGARDEZ-LES ENFLER C'EST BEAU!
TROMP
TROMP
TROMP
MONDIEUMONDIEUMON-DIEUMONDIEUMONDIEU!
DIABLE!
BON BEN, C'EST PAS TOUT ÇA!... QUAND FAUT Y ALLER, FAUT Y ALLER!...
SKRRRRRRRRRRRRRPT
YAAAARH!
QUI A DIT QUE CE TYPE N'ÉTAIT PAS UNE LUMIÈRE?
PSCH!!!!!
?
LÀ, SI JE N'INTERVIENS PAS, IL EST GRILLÉ DANS LE MÉTIER!
PFIOUU! ÇA DÉCOIFFE! POUR ÇA OUI, ÇA DÉCOIFFE!
MAIS OÙ VOULEZ-VOUS EN VENIR, AU JUSTE, DISCIPLE?...
LAISSEZ-MOI FAIRE, MAÎTRE...
...J'Y RETOURNE!
IL N'EST PAS DANS MA NATURE D'ÊTRE DÉFAITISTE, MAIS JE CRAINS LE PIRE!
IL VA FALLOIR COMMENCER À ENVISAGER SÉRIEUSEMENT À PENSER ÉVENTUELLEMENT À DÉCIDER DE SORTIR LES PANSEMENTS!

NON! PAS LE MARTEAU!... IL NE VA TOUT DE MÊME PAS...
PAF
OUAAAAAARH!
TIENS SI!
...ET SUR LE PIED, QUI PLUS EST!
JE SUIS MARRI!
EH BEN, JE VOUS SALUE MARRI!...
WAHAHA!
BON, ET MAINTENANT, VOYONS VOIR... MMH... AH!...
... LA FOREUSE!...
PIC PIC
NON! PAS LA FOREUSE!...
DZIIIIIIIIII
RAAAA
BON! CETTE FOIS, ÇA Y EST!...
... MAINTENANT QUE LE PLANNING "BOBOS" EST REMPLI, ON PEUT COMMENCER À LA RÉALISER, VOTRE INVENTION, LÀ!
CE TYPE EST FOU!... IL FAUT ARRÊTER ÇA TOUT DE SUITE!
PLAN

chassez le naturel...

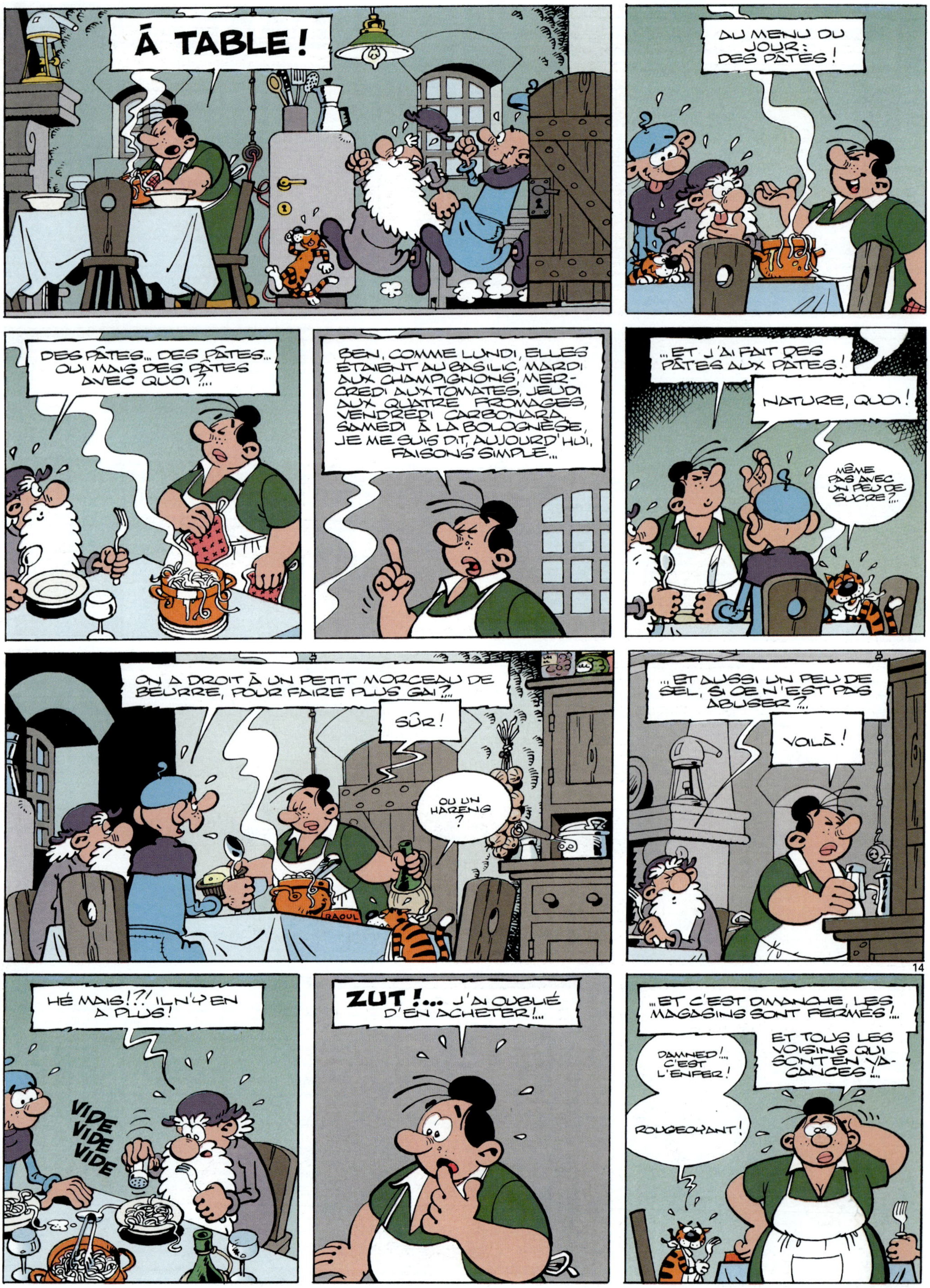

PAS DE PANIQUE, UNE FOIS DE PLUS, LA SCIENCE VA NOUS TIRER DE CE MAUVAIS PAS !
?
MATHURINE, METTEZ LES PÂTES AU CHAUD, MON DISCIPLE ET MOI PARTONS À LA RECHERCHE D'UN GISEMENT DE SEL !
NOUS Y SERONS VITE, NOUS AVONS LE VENT DANS LE DOS !...
ET L'ESTOMAC DANS LES TALONS !...
RÂLEZ PAS TOUJOURS, DISCIPLE !... LA VIE EST BELLE !
AVENTURE, C'EST UN SYNONYME D'INANITION ?!...
C'EST VRAI, ÇA ! MOI J'AI UN PETIT CREUX AUSSI GRAND QU'UN TROU NOIR !...
BREF...
PAR ICI, DISCIPLE !... JE CROIS QUE J'EN AI TROUVÉ !...
J'ARRIVE, JE...
UN CRABE !
SLURP !
?
OOOOH !?!
TIENS, TIENS !?
PÂTES AUX FRUITS DE MER ! C'EST BON, ÇA !
MAYDAY ! MAYDAY !
C'EST QUOI, CE TROU ?!... BIZARRE, ON DIRAIT QU'IL Y A UN COURANT D'AIR !...
?
FFFFFFF
QU'EST-CE QUE ÇA PEUT BIEN ÊTRE ?!...
FFFFFFF
MAYDAY ! MAYDAY !

ON N'Y VOIT GOUTTE!
FFFFFF
VOUS AVEZ UNE IDÉE DE CE QUE C'EST QUE CE TROU QUI SOUFFLE?
LE TROU DU SOUFFLEUR, TIENS, BENÊT!
FFFFFF
VOUS ÊTES TOMBÉ SUR UNE NAPPE DE GAZ NATUREL!...
NON!
PUISQU'ON TE LE DIT!
PROUT
COMME ELLE N'EST PAS CANALISÉE, L'ÉNERGIE SE LIBÈRE PEU À PEU ET... ET... ET... ET...
ET?...
HÉ!
MAIS LA VOILÀ, L'IDÉE DU JOUR!...
...ON CANALISE LE GAZ, ET AU MOYEN D'APPAREILS APPROPRIÉS, ON POURRAIT CUISINER, SE CHAUFFER, JE... BON!... PRENONS LE SEL QU'IL NOUS FAUT, ON RENTRE À LA MAISON, ON MANGE LES PÂTES PUIS ON REVIENT AVEC L'OUTILLAGE!...
OUAIS!... BONNE IDÉE!... IL VAUT TOUJOURS MIEUX MANGER AVANT UNE CATASTROPHE!
AINSI...
EN SOUVENIR DE VOTRE ARRIÈRE-COUSIN PAR ALLIANCE QUI ÉTAIT COMTE, NOUS APPELLERONS CETTE CANALISATION UN GAZOCOMTE!
IL ÉTAIT PAS COMTE, IL ÉTAIT DUC!
EH BIEN, CE SERA GAZODUC, ALORS!... ÇA NE SONNE PAS MAL NON PLUS!

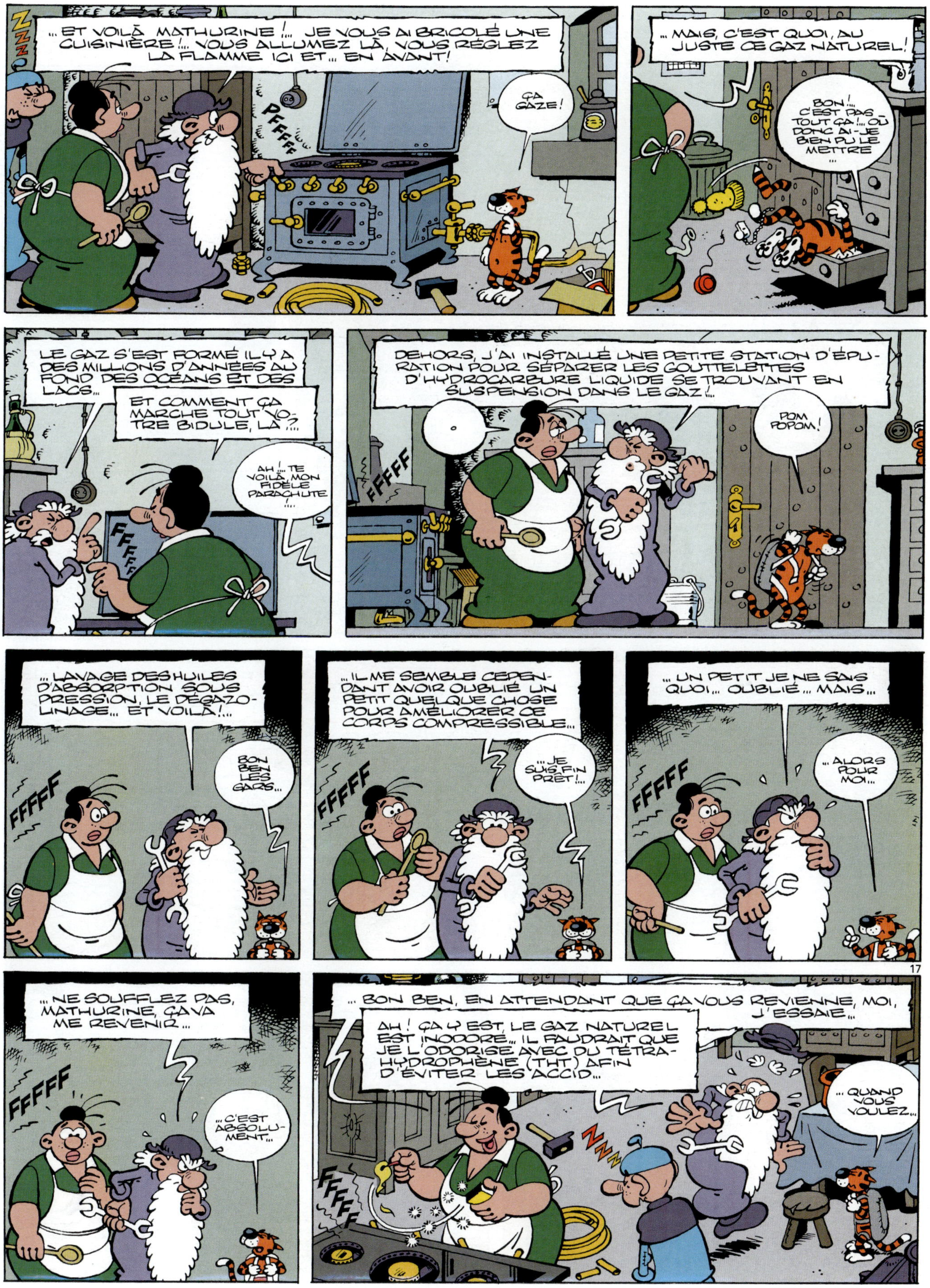
ZZZ
... ET VOILÀ MATHURINE !... JE VOUS AI BRICOLÉ UNE CUISINIÈRE !... VOUS ALLUMEZ LÀ, VOUS RÉGLEZ LA FLAMME ICI ET... EN AVANT !
PFFFFF
ÇA GAZE !
... MAIS, C'EST QUOI, AU JUSTE CE GAZ NATUREL !
BON !... C'EST PAS TOUT ÇA !... OÙ DONC AI-JE BIEN PU LE METTRE ...
LE GAZ S'EST FORMÉ IL Y A DES MILLIONS D'ANNÉES AU FOND DES OCÉANS ET DES LACS...
ET COMMENT ÇA MARCHE TOUT VOTRE BIDULE, LÀ ?...
AH !... TE VOILÀ, MON FIDÈLE PARACHUTE !...
FFFFF
DEHORS, J'AI INSTALLÉ UNE PETITE STATION D'ÉPURATION POUR SÉPARER LES GOUTTELETTES D'HYDROCARBURE LIQUIDE SE TROUVANT EN SUSPENSION DANS LE GAZ !...
POM POPOM !
FFFFF
... LAVAGE DES HUILES D'ABSORPTION SOUS PRESSION, LE DÉGAZOLINAGE... ET VOILÀ !...
BON BEN LES GARS...
FFFFF
... IL ME SEMBLE CEPENDANT AVOIR OUBLIÉ UN PETIT QUELQUE CHOSE POUR AMÉLIORER CE CORPS COMPRESSIBLE...
... JE SUIS FIN PRÊT !...
FFFFF
... UN PETIT JE NE SAIS QUOI... OUBLIÉ... MAIS...
... ALORS POUR MOI...
FFFFF
... NE SOUFFLEZ PAS, MATHURINE, ÇA VA ME REVENIR...
... C'EST ABSOLUMENT...
FFFFF
... BON BEN, EN ATTENDANT QUE ÇA VOUS REVIENNE, MOI, J'ESSAIE...
AH ! ÇA Y EST, LE GAZ NATUREL EST INODORE... IL FAUDRAIT QUE JE L'ODORISE AVEC DU TÉTRAHYDROPHÈNE (THT) AFIN D'ÉVITER LES ACCID...
FFFF
ZZZ
... QUAND VOUS VOULEZ...
17

BAOUM
JE LE SAVAIS BIEN, MOI, QUE LE PARACHUTE, CE NE SERAIT PAS DU LUXE!
CLIC
PLOP
BOUM
BOUM
BOUM
J'AI... J'AI COMME QUI DIRAIT UN PEU MAL À LA TÊTE, MAÎTRE!
MMF! MMMF!
EUH... PETIT EFFET SECONDAIRE DU GAZ!... PAS GRAVE!...
DRiiiiNG
TIENS, LA SONNETTE MARCHE ENCORE!...
BONJOUR!...
?
... C'EST LA COMPAGNIE DU GAZ, POUR LE RELEVÉ DU COMPTEUR... À VUE DE NEZ, VOUS NOUS DEVEZ...
SNIF!

le pépin

AAAH !... LE CALME DE LA NATURE... RIEN DE TEL POUR TROUVER DES IDÉES !...
RIEN !
RIEN DE RIEN !
BOM
FORT DÉSAGRÉABLE, CETTE SENSATION D'ÊTRE PASSÉ À CÔTÉ DE QUELQUE CHOSE DE TRÈS IMPORTANT !

le son du corps

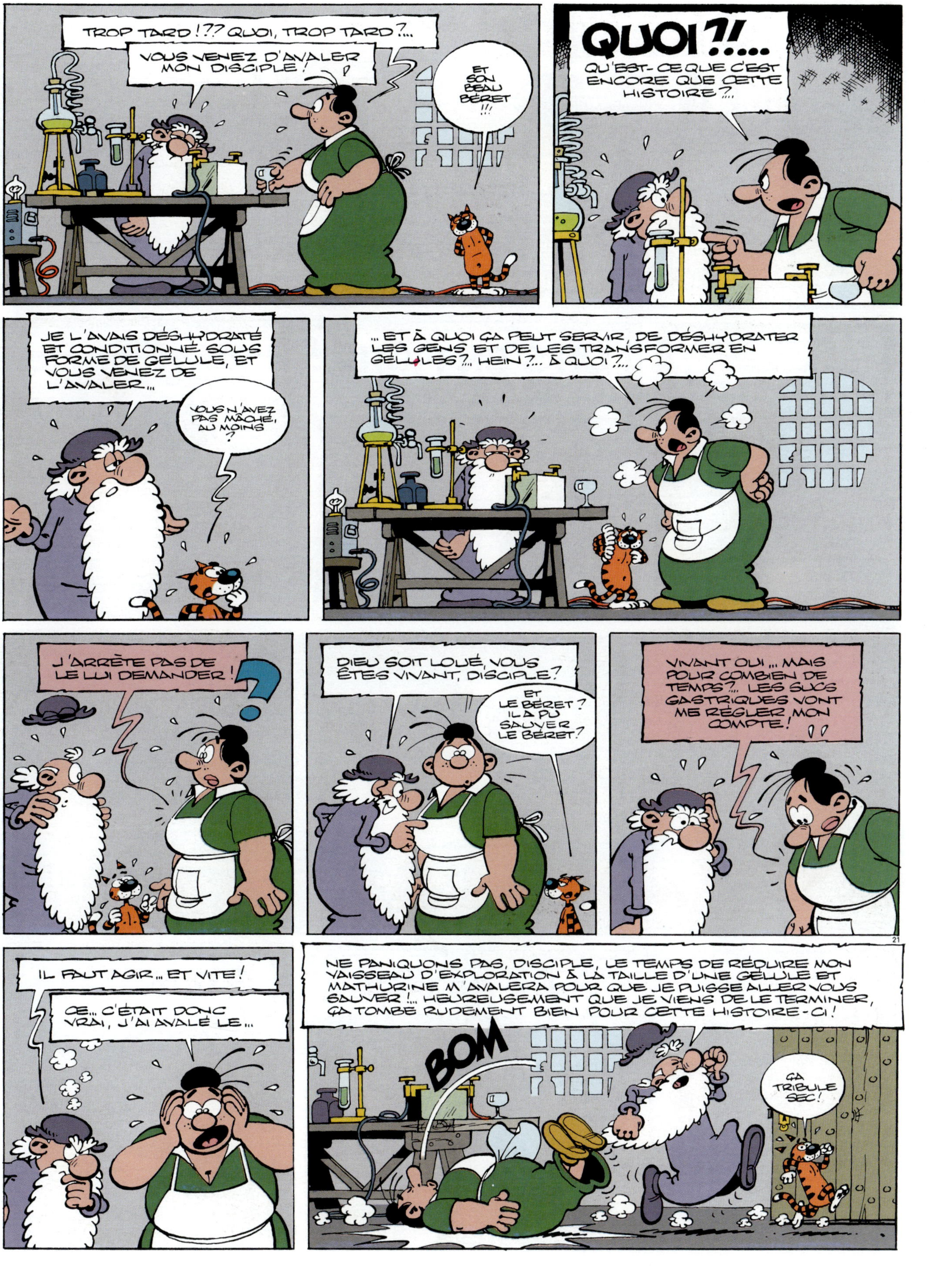
TROP TARD !?? QUOI, TROP TARD ?...
VOUS VENEZ D'AVALER MON DISCIPLE !
ET SON BEAU BÉRET !!!
QUOI ?!....
QU'EST-CE QUE C'EST ENCORE QUE CETTE HISTOIRE ?...
JE L'AVAIS DÉSHYDRATÉ ET CONDITIONNÉ SOUS FORME DE GÉLULE, ET VOUS VENEZ DE L'AVALER...
VOUS N'AVEZ PAS MÂCHÉ, AU MOINS ?
... ET À QUOI ÇA PEUT SERVIR, DE DÉSHYDRATER LES GENS ET DE LES TRANSFORMER EN GÉLULES ?... HEIN ?... À QUOI ?...
J'ARRÊTE PAS DE LE LUI DEMANDER !
DIEU SOIT LOUÉ, VOUS ÊTES VIVANT, DISCIPLE ?
ET LE BÉRET ? IL A PU SAUVER LE BÉRET ?
VIVANT OUI... MAIS POUR COMBIEN DE TEMPS ?... LES SUCS GASTRIQUES VONT ME RÉGLER MON COMPTE !
IL FAUT AGIR... ET VITE !
CE... C'ÉTAIT DONC VRAI, J'AI AVALÉ LE...
NE PANIQUONS PAS, DISCIPLE, LE TEMPS DE RÉDUIRE MON VAISSEAU D'EXPLORATION À LA TAILLE D'UNE GÉLULE ET MATHURINE M'AVALERA POUR QUE JE PUISSE ALLER VOUS SAUVER !... HEUREUSEMENT QUE JE VIENS DE LE TERMINER, ÇA TOMBE RUDEMENT BIEN POUR CETTE HISTOIRE-CI !
BOM
ÇA TRIBULE SEC !

ET AINSI...
ALLEZ-Y, POUSSEZ SUR LE BOUTON, MATHURINE !...
... ALORS, LE VAISSEAU SERA RÉDUIT À UNE TAILLE QUI VOUS PERMETTRA DE L'AVALER AVEC UN VERRE D'EAU !...
JE ME DEMANDE SI J'AI BIEN FAIT DE L'ACCOMPAGNER !
Y A UN PETIT PROBLÈME, M'SIEUR LÉONARD : J'AI PAS SOIF !
ON S'EN FICHE ! ACTION !...
ON
VOILÀ, VOILÀ !
CLIC
ON
DZ!!!!!!!
Z!!!!!!!!
22
ALLONS-Y, ALORS !... MAIS JE VOUS AURAI PRÉVENU QUE JE N'AVAIS PAS SOIF !...
... ET MOI, QUAND JE BOIS ET QUE JE N'AI PAS SOIF... J'ATTRAPE LE HOQUET !
GLOU

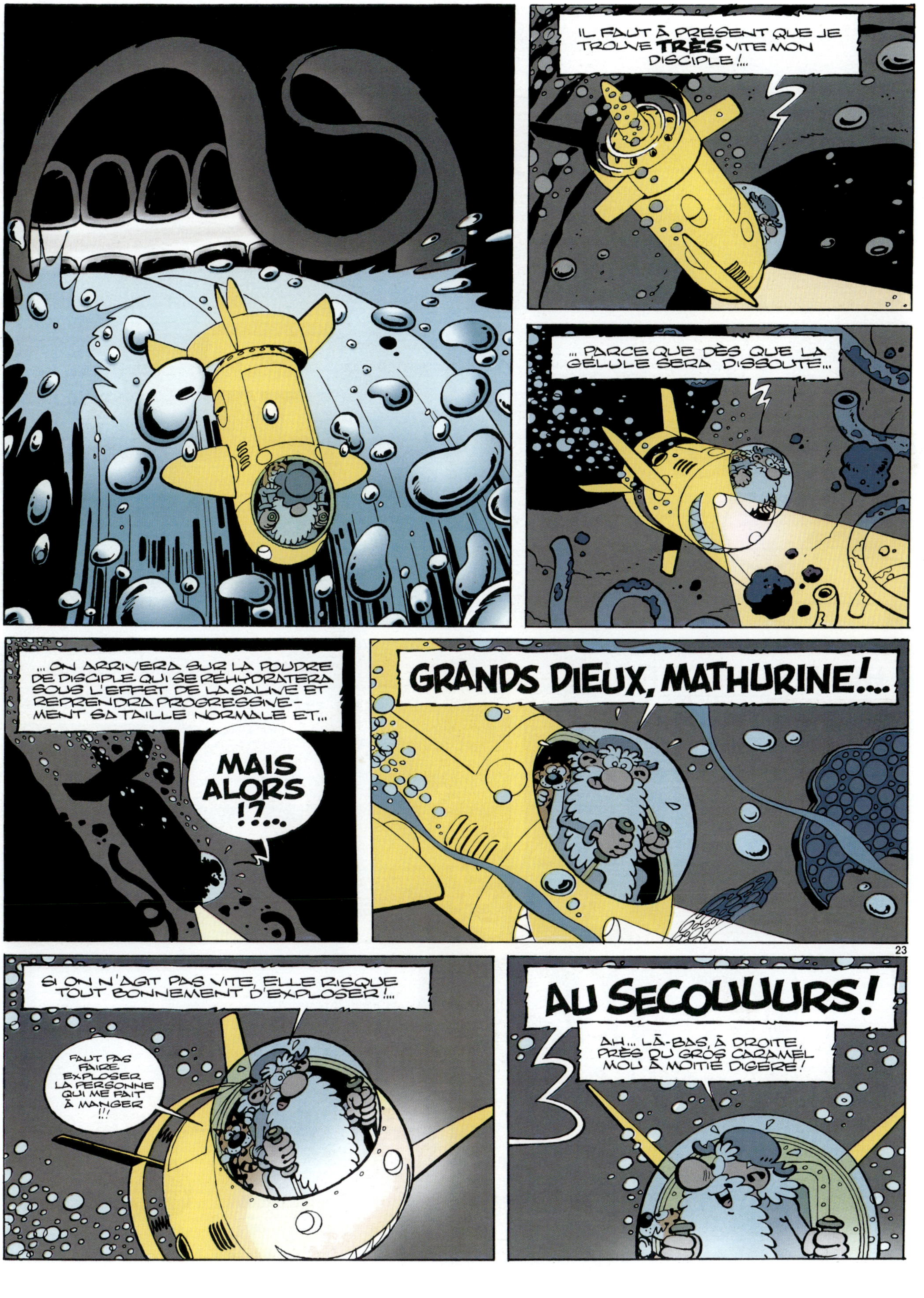
IL FAUT À PRÉSENT QUE JE TROUVE TRÈS VITE MON DISCIPLE !...
... PARCE QUE DÈS QUE LA GÉLULE SERA DISSOUTE...
... ON ARRIVERA SUR LA POUDRE DE DISCIPLE QUI SE RÉHYDRATERA SOUS L'EFFET DE LA SALIVE ET REPRENDRA PROGRESSIVEMENT SA TAILLE NORMALE ET...
MAIS ALORS !?...
GRANDS DIEUX, MATHURINE !...
SI ON N'AGIT PAS VITE, ELLE RISQUE TOUT BONNEMENT D'EXPLOSER !...
FAUT PAS FAIRE EXPLOSER LA PERSONNE QUI ME FAIT À MANGER !!!
AU SECOUUURS !
AH... LÀ-BAS, À DROITE, PRÈS DU GROS CARAMEL MOU À MOITIÉ DIGÉRÉ !

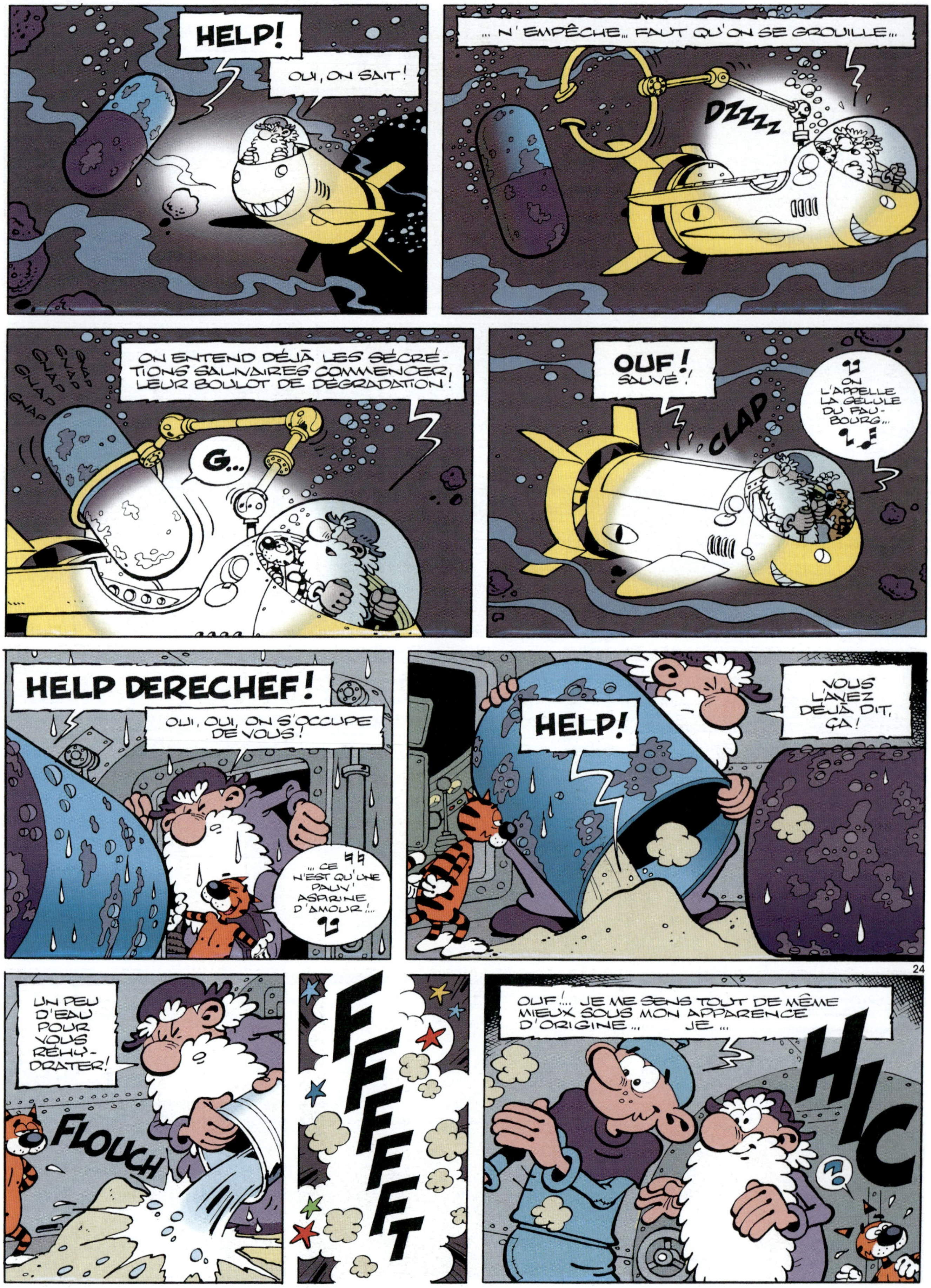
HELP!
OUI, ON SAIT!
... N'EMPÊCHE... FAUT QU'ON SE GROUILLE...
DZZZZZ
GNAP GNAP GNAP GNAP
ON ENTEND DÉJÀ LES SÉCRÉTIONS SALIVAIRES COMMENCER LEUR BOULOT DE DÉGRADATION!
G...
OUF! SAUVÉ!
CLAP
ON L'APPELLE LA GÉLULE DU FAUBOURG...
HELP DERECHEF!
OUI, OUI, ON S'OCCUPE DE VOUS!
... CE N'EST QU'UNE PAUV' ASPIRINE D'AMOUR!...
HELP!
VOUS L'AVEZ DÉJÀ DIT, ÇA!
UN PEU D'EAU POUR VOUS RÉHYDRATER!
FLOUCH
FFFFFT
OUF!... JE ME SENS TOUT DE MÊME MIEUX SOUS MON APPARENCE D'ORIGINE... JE...
HIC

BOM
MAIS... QUE SE PASSE-T-IL ICI?...
DE PLUS, LA LUMIÈRE EST ÉTEINTE!
HIC
BOM
J'AI COMPRIS, C'EST MATHURINE...
HIC
... ELLE A LE HOQUET!... VITE, LA RADIO!...
BOM
MATHURINE!
HIC!
OUIII?... QUI ME DEMANDE?...
HIC!
ARRÊTEZ VOS CO... VOS SOTTISES... C'EST MOI!... ÉCOUTEZ BIEN: PRENEZ UNE PROFONDE INSPIRATION PUIS BLOQUEZ VOTRE RESPIRATION LE PLUS LONGTEMPS POSSIBLE... PUIS VOUS EXPIREREZ LENTEMENT!
... ÇA DEVRAIT FAIRE PASSER CE HOQUET!
O.K.!
HIC!

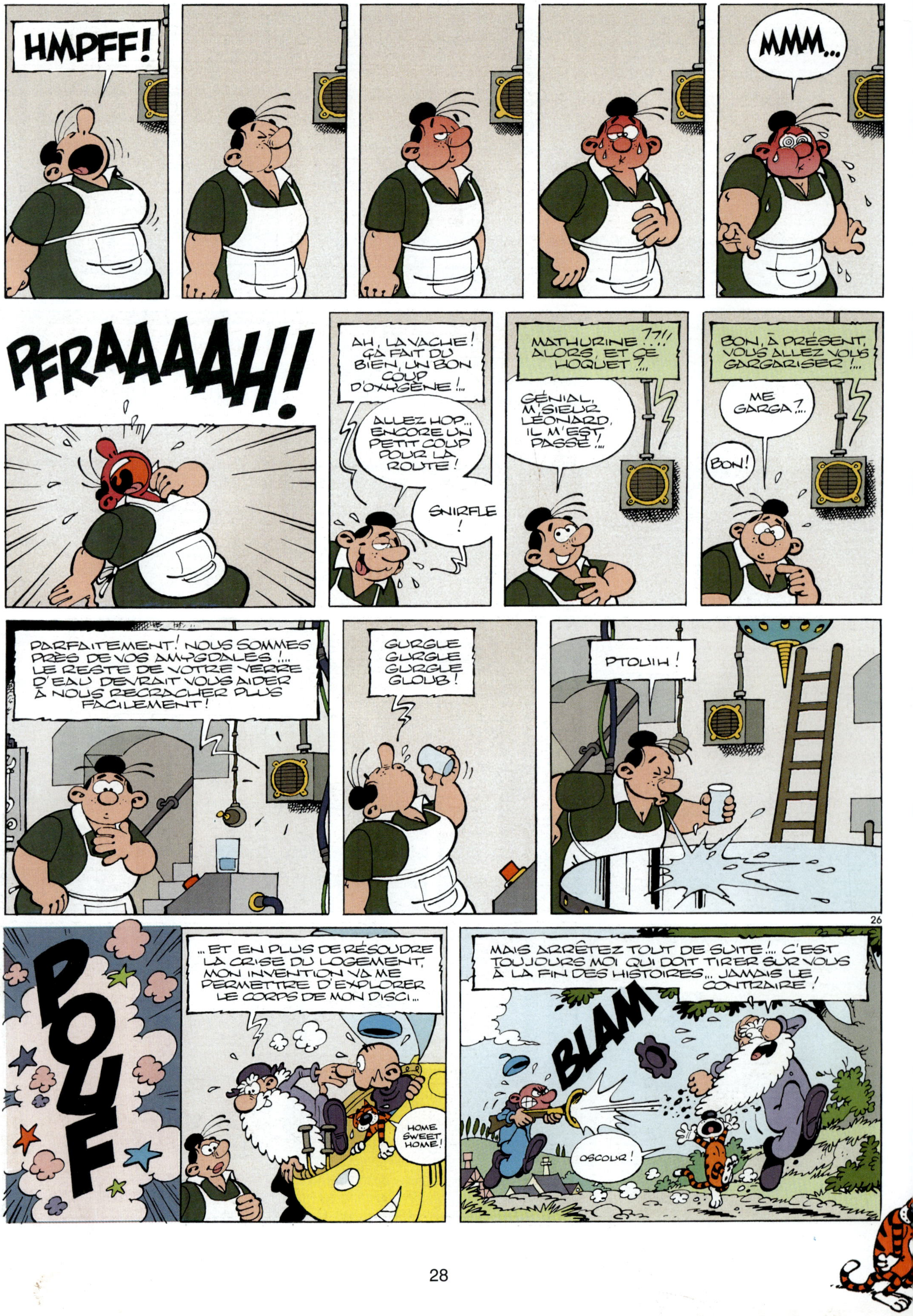
HMPFF !
MMM...
PFRAAAAH !
AH, LA VACHE ! ÇA FAIT DU BIEN, UN BON COUP D'OXYGÈNE !...
ALLEZ HOP... ENCORE UN PETIT COUP POUR LA ROUTE !
SNIRFLE !
MATHURINE ?!?! ALORS, ET CE HOQUET ?...
GÉNIAL, M'SIEUR LÉONARD, IL M'EST PASSÉ !...
BON, À PRÉSENT, VOUS ALLEZ VOUS GARGARISER !...
ME GARGA ?...
BON !
PARFAITEMENT ! NOUS SOMMES PRÈS DE VOS AMYGDALES !... LE RESTE DE VOTRE VERRE D'EAU DEVRAIT VOUS AIDER À NOUS RECRACHER PLUS FACILEMENT !
GURGLE GURGLE GURGLE GLOUB !
PTOUIH !
26
POUF
... ET EN PLUS DE RÉSOUDRE LA CRISE DU LOGEMENT, MON INVENTION VA ME PERMETTRE D'EXPLORER LE CORPS DE MON DISCI...
HOME SWEET HOME !
MAIS ARRÊTEZ TOUT DE SUITE !... C'EST TOUJOURS MOI QUI DOIT TIRER SUR VOUS À LA FIN DES HISTOIRES... JAMAIS LE CONTRAIRE !
BLAM
OSCOUR !

temps de saison

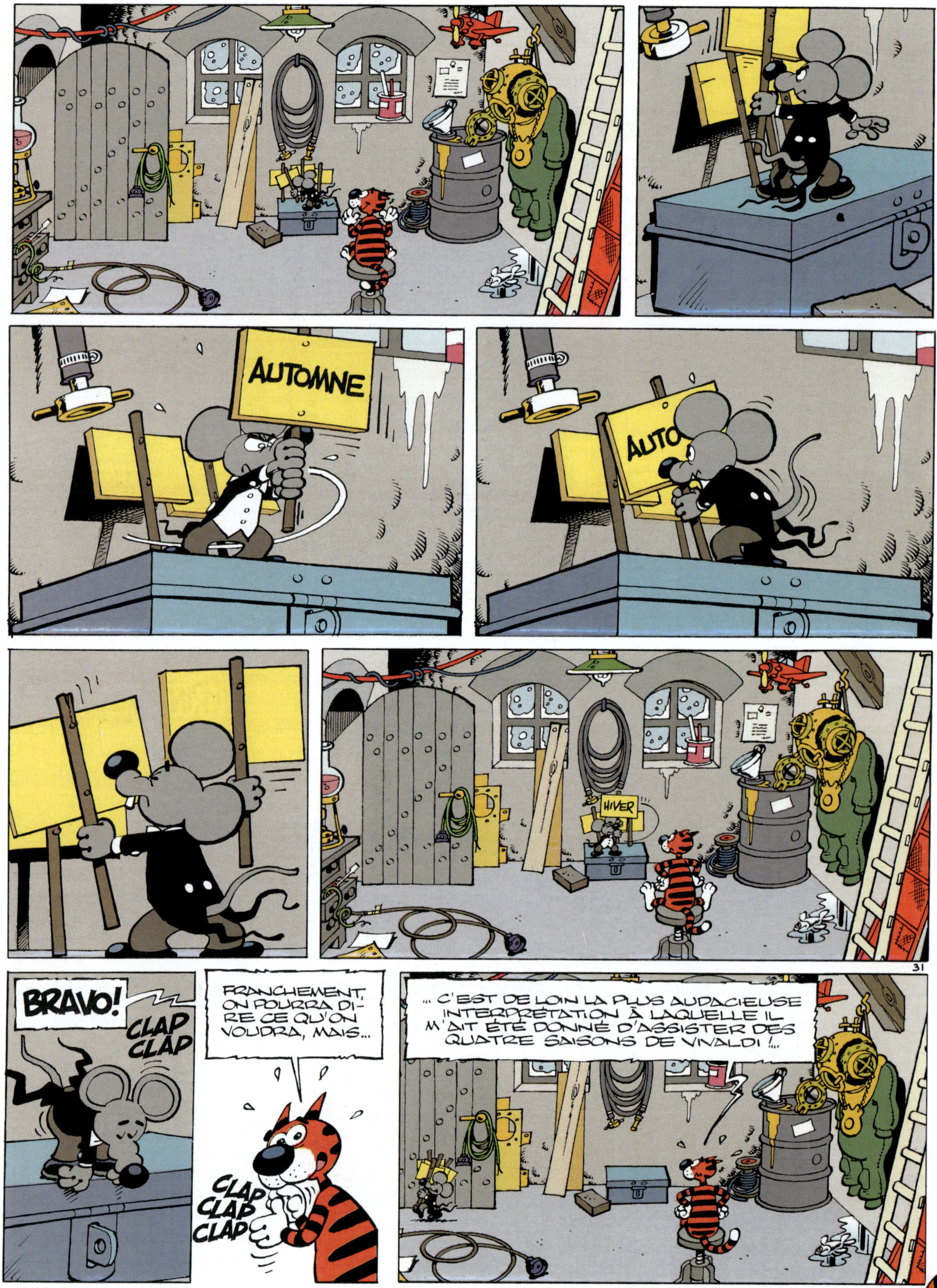
AUTOMNE
AUTO
HIVER
BRAVO!
CLAP CLAP
FRANCHEMENT, ON POURRA DIRE CE QU'ON VOUDRA, MAIS...
CLAP CLAP CLAP
... C'EST DE LOIN LA PLUS AUDACIEUSE INTERPRÉTATION À LAQUELLE IL M'AIT ÉTÉ DONNÉ D'ASSISTER DES QUATRE SAISONS DE VIVALDI !...

DISCiiiiiiPLE!
ALLONS BON !... OÙ EST-IL ENCORE PASSÉ CELUI-LÀ ?...
NULLE PART !... À MOINS QUE... NON !... IL N'AURAIT TOUT DE MÊME PAS...
... C'EST QU'IL EST POURTANT BIEN CAPABLE, LE BOUGRE...
VÉRIFIONS !...
SUPER TOAS
ZZZ
BEN SI... IL A OSÉ !
GAW
27
GUÈ... GUÈZGUIZPASSE ?...
VOUS ÊTES CUIT !
VOILÀ !... JE VOUS CHERCHAIS PARCE QUE JE ME DEMANDAIS S'IL SERAIT POSSIBLE DE CHUWACHUWACHUWACHUWA... MAIS JE NE LE PENSE PAS ET JE SERAIS PRÊT À PARIER 50.000 LIRES LÀ-DESSUS !
TENU !
ILS MURMURENT ! J'AI HORREUR DE ÇA PARCE QUE JE SUIS UN PEU DUR DE LA FEUILLE ALORS, JE NE COMPRENDS RIEN !...
MAIS, T'AS MÊME PLUS D'OREILLES ?!

AAH !... C'EST DONC ÇA QUI EXPLIQUE MA LÉGÈRE SURDITÉ !...
TROIS MINUTES, AVEZ-VOUS DIT ?... D'ACCORD !... BON, BEN... ON PEUT COMMENCER !
QUAND VOUS VOULEZ !
ALEA JACTA EST ! (*)
* LE SORT EN EST JETÉ.
QU'EST-CE QU'IL A DIT, LE DISCIPLE ?...
SAIS PAS... JE CROIS QU'IL VEUT JETER LA VESTE À LÉA !
BON, D'ACCORD, VOUS AVEZ RÉUSSI UNE FOIS MAIS, POURRIEZ-VOUS RÉITÉRER ?
CHI LO SA ? (*)
(*) QUI LE SAIT ?
HUM !... BON !... EUH... PAS QUE ÇA À FAIRE... ON A DU BOULOT EN MASSE AUJOURD'HUI !... FAUDRA QU'ON SE GROUILLE !...
QU'EST-CE QU'IL DIT, À PRÉSENT ?
"CHI LO SA ?"
CHI VA PIANO VA SANO ! (*)
ET LÀ ?...
IL VA JOUER DU PIANO SOLO !
* QUI VA DOUCEMENT VA SÛREMENT.
ZUT !... JE ME SUIS ENCORE FAIT AVOIR !... MAIS ÇA NE VA PAS DURER !...
ET ÇA VEUT DIRE QUOI, TOUT ÇA ?...
COMMENT VEUX-TU QUE JE LE SACHE ?
EUH !... IL FAIT BEAU AUJOURD'HUI !
DÉO GRATIAS ! (*)
TU ME TRADUIS ?...
IL PARLE D'UN DÉODORANT GRATUIT !
* GRÂCES SOIENT RENDUES À DIEU
28

HÉ ! NON !... C'EST PAS ÇA ! REGARDE, TOUT EST TRADUIT LÀ EN DESSOUS !
ENDUES À DIEU
MAIS COMME J'AI UNE NOUVELLE INVENTION À METTRE AU POINT, IL VA VRAIMENT FALLOIR BOSSER FERME ! S'IL LE FAUT, JE VOUS Y OBLIGERAI ! J'AI MON TROMBLON, C'EST LA LOI DU PLUS FORT !
DURA LEX SED LEX ! (*)
LA LOI EST DURE, MAIS C'EST...
ÇA VA, ÇA VA ! JE SUIS UN PEU SOURD MAIS JE SAIS LIRE !
(*) LA LOI EST DURE MAIS C'EST LA LOI !
BON ! ALORS, VOUS VOUS AVOUEZ VAINCU, MAÎTRE ?
PAS ENCORE !
ERRARE HUMANUM EST ! (*)
(*) L'ERREUR EST HUMAINE
MAIS ATTENTION, HEIN, MAÎTRE ?... N'OUBLIONS JAMAIS QUE : " VAE VICTIS " (*)
ZUT ET REZUT ! ME SUIS ENCORE FAIT AVOIR !
MAIS OÙ VEULENT-ILS EN VENIR, À LA FIN ?...
JE NE SAIS PAS, MAIS JE TROUVE QU'IL Y A BEAUCOUP DE TEXTE DANS CETTE PIÈCE !
NON ?
(*) MALHEUR AUX VAINCUS.
BIEN !... PRENEZ TOUT VOTRE TEMPS, MAIS GARDEZ À L'ESPRIT QUE "TIME IS MONEY" (*) PUISQU'ON A FAIT UN PARI...
(*) LE TEMPS, C'EST DE L'ARGENT.
... EUH ...
SIC TRANSIT GLORIA (*)
PUISQUE VOUS LE DITES...
(*) AINSI PASSE LA GLOIRE
BON, BON, ÇA VA ! VOUS AVEZ GAGNÉ, DISCIPLE !
SNIF !
J'ÉTAIS POURTANT CERTAIN QU'ON NE POUVAIT PAS EMPLOYER DES LOCUTIONS LATINES ET ÉTRANGÈRES DANS UNE CONVERSATION COURANTE !
EN ATTENDANT, VOUS ME DEVEZ 50.000 LIRES !...
C'ÉTAIT QUE ÇA !
OUAIP !
JE VOUS LES DONNERAI EN MÊME TEMPS QUE LE SALAIRE QUE J'OUBLIE RÉGULIÈREMENT DE VOUS PAYER !
ITE MISSA EST ! (*)
(*) ÇA VEUT DIRE QUE CETTE HISTOIRE ARRIVE À SA FIN

DISCIPLE, DEBOUT!
SLAM
DISCIPLUS-SIMPLEX
Z
ZZZZZZZZ!
CETTE FOIS, IL N'Y COUPE PAS, J'APPELLE LA S.P.A. !
DEUXIÈME SOMMATION!
ALLO, LA S.P.A. ?...
DISCIPLE, DEBOUT!
BIEN SÛR QUE C'EST POUR UNE PLAINTE !...
ZZZ
DERECHEF !
DISCIPLUS-SIMPLEX
BIEN !... C'EST VOUS QUI L'AUREZ VOULU !...
VOUS EN AVEZ DÉJÀ EU BEAUCOUP, VOUS, DES CHATS AU TÉLÉPHONE QUI VOUS APPELAIENT POUR DIRE QUE TOUT VA BIEN !
SCRATCH
...COMMENT ÇA, VOUS N'AVEZ PAS LE TEMPS !???
PCHHHH
BAOM
32
AH TIENS... VOUS ÊTES ÉVEILLÉ, DISCIPLE ?...
AARGH!
TROP OCCUPÉS ?... TROP OCCUPÉS À QUOI ?...
À QUOI ? ...
À SAUVER WILLY ?!?
ÉVEILLÉ ?... BRAVO !... VOTRE HUMOUR NE MANQUE PAS DE PIQUANT !...
DISCIPLU-SIMPLEX

SI VOUS POUVIEZ RETIRER CE HARPON DE LA PARTIE LA PLUS INTELLIGENTE DE VOTRE INDIVIDU ET VOUS PRÉPARER, ÇA M'OBLIGERAIT !
EN PLEIN DANS LE MILLE !...
... JE DIRAIS MÊME DANS LE DEUX-MILLE !...
IMPLEX
... PARCE QUE JE VIENS DE TERMINER LES PLANS D'UNE INVENTION DONT SEULE L'IDÉE AURAIT SUFFI À PROPOSER UNE FOIS DE PLUS MON CORTEX DODU EN TÊTE DU HIT-PARADE DES INVENTEURS DE GÉNIE !
QUE VOULEZ-VOUS AJOUTER À ÇA !?...
UNE INVENTION QUI VA NOUS... EUH... ME RENDRE RICHE !...
NON ?
SI !
FAMEUX, CE LÉONARD, NON ?... ET IL EST COMME ÇA TOUS LES JOURS !
TOUT D'ABORD, DISCIPLE, APPORTEZ-MOI DEUX TÔLES !...
BONG
AÏE !
PLAN 637881
EUH... PAS LES GRANDES, LES PETITES !
D'ACCORD, JE LES REMETS À LEUR PLACE !...
BALANG
OUILLE !
... ET J'EN PRENDS DEUX PETITES !...
DOLONG
AAARG !
PLAN 637881
VOUS EN FAITES PAS TROP, DISCIPLE, LES GRANDES MAINS...
PLAN 637881
... ÇA AIDE POUR LE TRANSPORT !
AAH, JE VOUS EN PRIE, HEIN !...
ET SA MAMAN QUI VOULAIT LUI TRICOTER DES GANTS POUR NOËL !
PLAN 637881

BREF !... DÉCOUPEZ-MOI CES TÔLES EN FONCTION DU PLAN QUE VOICI !
ON A PLUS VITE FAIT DE SERRER UNE "CRÉATURE" DANS SES BRAS QUE DE SERRER LA PALUCHE DU DISCIPLE !
CE PLAN M'A L'AIR VRAIMENT TRÈS DANGEREUX EN CE QUI CONCERNE LE RESTE DE MES MIMINES !
DZIIIIIIIIIIIIIIING
AÏE !
QU'EST-CE QUE JE DISAIS ?...
... MAINTENANT, LE PLIAGE !...
OUILLE !
... L'ÉBARBAGE !...
AÏE ! AÏE !
... LE LIMAGE FIN !...
OUILLE !!!
... ET ENFIN LA PEINTURE ...
PCHHHHH
TEHEU !
D'APRÈS LE NOMBRE DE "OUILLE" DE "AÏE" ET DE "TEHEU", IL DEVRAIT AVOIR FINI !
... DE FAIT !...
G...
GASP !... LÀ, FAUT QUE JE FASSE UN DEVIS !!!

MAINTENANT, PENDANT QUE JE M'OCCUPE DU RÉGLAGE MINUTIEUX DU LÉOTRONIC, VOUS SOUDEREZ LES ÉLÉMENTS DU PLAN B EN SUIVANT LE SCHÉMA ...
PCHHHHH
AROUAARH !!!
PUIS, VOUS FEREZ LE MONTAGE DU BOÎTIER DE COMMANDE !
OUILLE OUILLE !!!
ALORS, DISCIPLE, CES SOUDURES ?...
BOBO !
... BOBO, MAIS ÇA TIENDRA !...
ET VOILÀ, LE BÉBÉ EST TERMINÉ... MAGNIFIQUE, NON ?
ET À QUOI ÇA SERT, CE MACHIN ?
À FAIRE DE L'ARGENT FACILE... METTEZ UNE PIÈCE ET TESTEZ L'APPAREIL... VOUS COMPRENDREZ MIEUX !
OUAIS ! DE TOUTE FAÇON, MOI, J'AI PAS DE PORTE-MONNAIE !
35
CATCHING CATCHING CATCHING
?
CLUNG
merci!
?

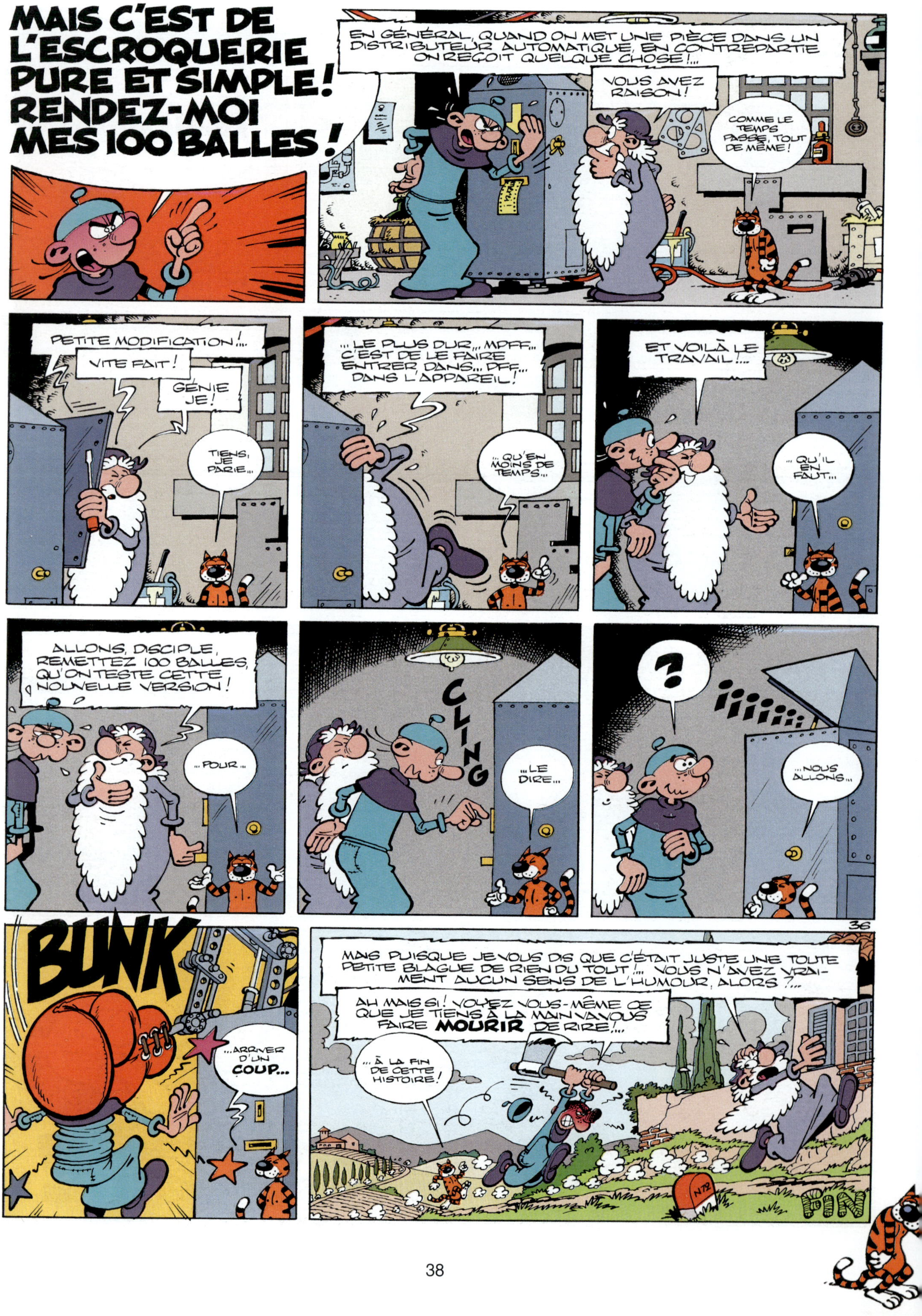
MAIS C'EST DE L'ESCROQUERIE PURE ET SIMPLE ! RENDEZ-MOI MES 100 BALLES !
EN GÉNÉRAL, QUAND ON MET UNE PIÈCE DANS UN DISTRIBUTEUR AUTOMATIQUE, EN CONTREPARTIE ON REÇOIT QUELQUE CHOSE !...
VOUS AVEZ RAISON !
COMME LE TEMPS PASSE, TOUT DE MÊME !
PETITE MODIFICATION !...
VITE FAIT !
GÉNIE JE !
TIENS, JE PARIE...
... LE PLUS DUR... MPFF... C'EST DE LE FAIRE ENTRER DANS... PFF... DANS L'APPAREIL !
... QU'EN MOINS DE TEMPS...
ET VOILÀ LE TRAVAIL !...
... QU'IL EN FAUT...
ALLONS, DISCIPLE, REMETTEZ 100 BALLES, QU'ON TESTE CETTE NOUVELLE VERSION !
... POUR...
CLING
... LE DIRE...
?
... NOUS ALLONS...
BUNK
... ARRIVER D'UN COUP...
MAIS PUISQUE JE VOUS DIS QUE C'ÉTAIT JUSTE UNE TOUTE PETITE BLAGUE DE RIEN DU TOUT !... VOUS N'AVEZ VRAIMENT AUCUN SENS DE L'HUMOUR, ALORS ?...
AH MAIS SI ! VOYEZ VOUS-MÊME CE QUE JE TIENS À LA MAIN VA VOUS FAIRE MOURIR DE RIRE !...
... À LA FIN DE CETTE HISTOIRE !
N78
FIN

ça c'est du sport !

SÛREMENT PAS !
EUH... AAH !
Hockey
JAMAIS !
1501
16
GOLF
PFF !...
NON, NON ET NON !!!
N'INSISTEZ PAS !...
... VOUS AVEZ BEAU ENJOLIVER LA CHOSE, ÇA NE SERVIRA À RIEN !...
... J'AI JAMAIS EU LA MOINDRE ENVIE DE FAIRE DU SPORT !
SNIF !
ZZZZ

la puce à l'oreille

J'ESPÈRE QUE VOUS ALLEZ Y ARRIVER... IL M'A DÉJÀ BOUFFÉ TROIS REPRÉSENTANTS DE COMMERCE ET HUIT FACTEURS...
...C'EST BIEN SIMPLE, ÇA FAIT PLUS D'UN AN QUE JE NE REÇOIS PLUS DE COURRIER...
DISCIPLE, PIQUEZ-DONC CE CHIEN AVEC CECI !...
QUE JE PIQUE CE CHIEN !?? MAIS C'EST VOUS QUI ÊTES PIQUÉ !...
BLAM
BON !... VE PIQUE, VE PIQUE !...
BEN OUI !... DÉSOLÉ, MAIS MOI AUSSI J'AI UN MAÎTRE À QUI IL ME FAUT OBÉIR !
KAÏ !
ÇA VA !... IL DORT ! ON VA LUI GREFFER QUELQUES PUCES ÉLECTRONIQUES QUI VONT LE RENDRE DOCILE COMME UN AGNEAU !
SCALPEL !
PINCES !...
PUCES !...
BABALLE !
NONOS !
PARDON SULTAN MAIS C'EST POUR TON BIEN !
ET VOILÀ !... OPÉRATION TERMINÉE !... IL SE RÉVEILLE !... VOUS ALLEZ VOIR !...
OÙ SUIS-JE ?...
SULTAN, ASSIS !
POUM

DEBOUT !... COUCHÉ !
ÇA MARCHE !
ÉVIDEMMENT, QUE ÇA MARCHE ! JE SUIS UN GÉNIE, VOUS SAVEZ !
DEBOUT !... COUCHÉ !... ASSIS ! COUCHÉ !... ASSIS !... DEBOUT !
WAOU !
PFFF PFFF PFF
PFFF
PFF
SULTAN ! DONNE LA PATTE !
CHER AMI !
ET VOILÀ ! UN CHIEN-CHIEN PARFAITEMENT DRESSÉ GRÂCE À L'ÉLECTRONIQUE !
OH ! MERCI BEAUCOUP !
FROTT FROTT FROTT
ALLEZ, VIENS, SULTAN !
IL EST VRAIMENT PARTI, JE VAIS POUVOIR REPRENDRE MA FORME NORMALE !
HÉ ! NON SULTAN... NE !...
GRAT GRAT GRAT
LES PUCES !... IL S'EST GRATTÉ LES PUCES ÉLECTRONIQUES !...
AAAH ! ÇA VA MIEUX !
39
GRRR !
EUH !...
COUCHÉ SULTAN !
EUH !...
S'IL TE PLAIT !...
DITES ! C'EST POUR UNE RÉCLAMATION !
FIN

chenille l'évidence

... MAIS VOYEZ-VOUS, C'EST ÇA, LA RECHERCHE !...
... IL Y A DES MOMENTS DE VICTOIRE...
... CEUX OÙ L'EXPÉRIENCE A RÉUSSI...
... ET PUIS IL Y A CEUX DE DÉFAITE... ET À CES MOMENTS LÀ, IL FAUT SAVOIR ASSUMER SON ÉCHEC...
?
... ON NE PEUT PAS GAGNER À TOUT LES COUPS, QUE VOULEZ-VOUS ?...
TOC TOC
... IL Y A LES JOURS AVEC...
... IL Y A LES JOURS SANS...
41
... ET AUJOURD'HUI, EH BIEN...
... C'EST UN JOUR SANS...
ÇA ME FAIT UNE BELLE JAMBE, TIENS !

mots, râles... à zéro

42

téléphone maison

...QU'EST-CE QUI ME PROUVE QUE VOUS ÊTES BIEN UN EXTRA-TERRESTRE ?...
SNU ??
LEONARD GÉNIE
FIN
DE GROOT & TURK 97